Michel Chevalier

Accord de l'économie politique et de la morale

essai

Le code de la propriété intellectuelle du 1er juillet 1992 interdit en effet expressément la photocopie à usage collectif sans autorisation des ayants droit. Or, cette pratique s'est généralisée dans les établissements d'enseignement supérieur, provoquant une baisse brutale des achats de livres et de revues, au point que la possibilité même pour les auteurs de créer des oeuvres nouvelles et de les faire éditer correctement est aujourd'hui menacée. En application de la loi du 11 mars 1957, il est interdit de reproduire intégralement ou partiellement le présent ouvrage, sur quelque support que ce soit, sans autorisation de l'Editeur ou du Centre Français d'Exploitation du Droit de Copie , 20, rue Grands Augustins, 75006 Paris.

ISBN : 978-1533632968

10 9 8 7 6 5 4 3 2 1

Michel Chevalier

Accord de l'économie politique et de la morale

essai

Table de Matières

Accord de l'économie politique et de la morale

Messieurs,

Il peut arriver aux sociétés d'être ébranlées jusque dans leurs fondements, à ce point que, sans être un pessimiste, on soit porté à craindre qu'elles n'aient plus à vivre que dans l'histoire. Tout ce qu'il convient de faire dans une situation pareille, lorsque par malheur on y est engagé, je n'essayerai pas de le dire, ce serait au-dessus de mes forces, et ce n'est pas ici le lieu ; mais il est un point que je toucherai, parce que, dans cette chaire, et au moment où nous sommes, il me semble que c'est un devoir.

De petits Etats, quelquefois de grands, ont perdu leur existence politique par des causes accidentelles et extérieures, sans qu'on eût observé en eux-mêmes les symptômes précurseurs d'une catastrophe. Ce sera un voisin plus puissant qui les aura conquis et absorbés. Mais une société est autrement vivace qu'un corps politique, et qu'une nationalité. Une société ne succombe que sous l'influence de causes morales, intimes et profondes. Vous savez trop bien l'histoire, messieurs, pour que j'aie besoin de vous le démontrer ; jamais une société de quelque importance n'a disparu que parce que son moral était gangrené. Les sociétés ne meurent que de corruption, vice qui prend beaucoup de formes, parmi lesquelles on peut signaler la lâcheté, qui est une des pires.

Quand l'existence de la société est en péril, c'est donc dans les mœurs, c'est-à-dire l'ensemble des sentiments régnants et des idées dominantes qu'il faut en chercher les causes. Il convient d'examiner sous l'influence de quels sentiments et de quelles idées sont placés les individus, dans les circonstances accoutumées de la vie. L'instruction publique est au nombre des sources d'où sortent ces sentiments et ces idées. C'est donc, en pareil cas, une obligation sacrée pour tous ceux qui participent à l'enseignement, de se livrer à un consciencieux examen de tout ce qu'ils enseignent. Ils ont à faire passer par le creuset de la critique toute la matière qu'ils se proposent de répandre, afin d'en écarter ce qui s'y rencontrerait d'alliage corrupteur.

Telle est l'analyse que, cette année, je ferai subir à l'économie po-

Michel Chevalier

litique. Nous passerons en revue les idées fondamentales de cette science, et les principales conclusions qu'elle déduit de ses principes. De cette manière, nous nous acquitterons d'un devoir envers la société et envers la science elle-même. Et si nous parvenons à prouver que les conseils de l'économie politique sont conformes à la morale, qu'ils favorisent non-seulement le progrès de la richesse, mais encore le progrès des mœurs publiques et de la publique raison, la conséquence sera qu'elle doit être chère aux hommes de bien et aux bons esprits, et, ce qui n'importe pas moins sous la loi du suffrage universel, qu'elle mérite d'être populaire.

Communément on est porté à considérer l'économie politique comme une science entachée de matérialisme, parce qu'on en prend trop à la lettre la définition accoutumée, que c'est la science qui traite de la richesse des sociétés, ou encore la science qui s'occupe de la production et de la répartition de la richesse. C'est pour cela que j'avais cru devoir m'arrêter à une autre définition. Je vous ai dit, dans mes derniers cours, que l'économie politique était l'application des principes fondamentaux du droit public, existant et reconnu, à l'étude, à l'explication et à l'appréciation des phénomènes qu'embrassent la formation, la répartition et la consommation de la richesse. La science économique, telle qu'elle a été constituée par les maîtres, étant une fois définie en ces termes, il s'ensuivrait qu'elle est raisonnable, honnête et pure, exactement dans la même proportion que les principes de la société ; principes qui, chez les peuples civilisés, sont l'expression la plus élevée de la moralité elle-même. D'où cette autre conséquence, que l'accusation intentée à l'économie politique d'être antisociale, d'être immorale, est d'une flagrante injustice, à moins cependant que les maîtres de la science n'eussent méconnu les principes sociaux, ou qu'ils ne se fussent égarés dans l'application de ces principes aux faits qui concernent la formation, la répartition et la consommation de la richesse.

Mais vous récuserez peut-être cette démonstration comme trop sommaire. J'essayerai de vous en présenter une qui pénètre davantage dans le fond du sujet. Et d'abord, je voudrais écarter de votre esprit ce préjugé trop répandu que c'est une science matérialiste ou matérielle. La réhabilitation de l'économie politique, sous ce rapport, je vous demande pardon de vous le faire remarquer, m'a toujours vivement préoccupé. La première fois que je montai dans

Accord de l'économie politique et de la morale

cette chaire, en remplacement du professeur illustre que depuis a frappé le poignard d'un assassin, ce fut comme un cri qui s'échappa de ma poitrine : Non, l'économie politique n'est point matérialiste ni matérielle. L'industrie, c'est-à-dire l'ensemble des opérations par lesquelles l'homme crée la richesse de toute espèce, l'industrie, dont l'économie politique a pour objet d'analyser l'organisation et de discuter les transactions, n'est point matérielle elle-même ; c'est au contraire l'esprit humain qui lutte pour s'affranchir de la servitude des besoins matériels, l'esprit humain qui se fait de ce bas monde un séjour en rapport avec sa dignité ; l'esprit humain qui, de la matière, tire pour lui-même un piédestal, un trône.

Une des grandes intelligences de notre temps, un philosophe l'a dit profondément dans un morceau sur Adam Smith:[1]

« Qu'est-ce que le travail, sinon le développement de la puissance productive de l'homme, l'exercice de la force qui le constitue ? Le capital primitif, qu'on a tant cherché, est cette force dont l'homme est doué et à l'aide de laquelle il peut mettre en valeur toutes les choses que lui présente la nature, dès qu'elles sont en rapport avec ses besoins. Les valeurs premières sont les premiers produits de l'énergie humaine, dont elle tire sans cesse de nouveaux produits, qui vont se multipliant, et représentent les emplois divers et successifs du fonds primitif à savoir, de la puissance productive de l'homme.

« Or, cette puissance productive, cette force qui constitue l'homme, c'est l'esprit. L'esprit, voilà le principe du principe de Smith ; voilà la puissance dont le travail relève ; voilà le capital qui contient et produit tous les autres, voilà le fonds permanent, la source primitive inépuisable de toute valeur, de toute richesse.

« Toutes les forces de la nature, comme toutes les forces physiques de l'homme, ne sont que des instruments de cette force éminente qui domine et emploie toutes les autres. »

J'avais à cœur de faire ressortir avant tout ce caractère spiritualiste de l'économie politique ; il me semble que c'est déjà l'ennoblir et en prouver la moralité. Maintenant, j'entre plus avant dans la question.

---

1 Adam Smith, par M. Cousin ; *Séances de l'Académie des sciences morales et politiques*, tome X, page 450

Michel Chevalier

Depuis un siècle environ, les hommes ont posé, avec une hardiesse extrême, la question de savoir quelles sont véritablement les bases de société, quelles lois peuvent fixer convenablement les rapports de l'individu avec ses semblables. La liberté d'examen, après avoir été appliquée, dès le seizième siècle, aux choses divines, c'est-à-dire à tout ce qu'il y a de plus sacré, descendit aux choses humaines, ce qui n'a rien qui doive surprendre : quand on a escaladé le ciel, il est tout simple qu'on veuille dominer la terre. Mais l'entreprise faite dans le dix-huitième siècle, par les philosophes de l'Europe occidentale, si elle était la conséquence logique, naturelle, infaillible, de la réformation religieuse du seizième siècle, n'en était pas moins pleine de périls. Ce qui s'est passé en France, depuis soixante ans, l'atteste hautement, pour la gloire de la patrie, sans doute, mais aussi pour l'anxiété des générations présentes.

La réforme sociale, qui suit son cours en Europe depuis plus d'un demi-siècle, n'a pas été marquée, à beaucoup près, par autant de catastrophes et de déceptions que la réforme politique proprement dite, qui l'accompagne. Elle marche, comme toutes les affaires de ce monde, par soubresauts, et plus d'une fois le navire a penché, à l'extrême, d'un côté, sauf, quelque temps après, à incliner excessivement sur le bord opposé. Cependant les intérêts sociaux, par leur masse, offrent une telle résistance au mouvement, toute société qui a de la vie gravite avec une telle puissance vers une situation d'équilibre, qu'en somme, il y a lieu de le déclarer à l'honneur de la civilisation, jusqu'ici les modifications qu'ont subies effectivement les principes sociaux ont mérité et obtenu la sanction de la raison et de la morale. À proprement parler, il n'a point été introduit de principes nouveaux. Ce qu'on a fait se borne réellement à donner plus d'extension à des principes anciens comme le monde, qui étaient connus et pratiqués, dans une certaine mesure, depuis l'origine des sociétés, parce qu'ils découlent de la nature humaine, telle que Dieu l'a faite.

La politique proprement dite, qui certainement n'est pas indifférente au bien-être des hommes, mais dont l'état social corrige puissamment les imperfections, a été livrée aux orages des passions. Le sophisme et la folie y ont eu plus d'une fois l'empire. Jusqu'au moment actuel, la société, par une force providentielle trop peu comptée dans les calculs des penseurs, je veux dire par l'inertie ou la routine, a résisté aux changements insensés ou coupables que quelques téméraires ont voulu lui imposer. Malgré de formidables assauts, par un instinct de conservation merveilleux et invincible, elle n'a laissé introduire dans le corps de la place que ce qui était vrai. Elle ne s'est assimilé des nouveautés que ce qui était conforme à l'hygiène sociale. Ce qui était faux ou dangereux est resté à l'écart, comme une dépouillé empestée. C'est cette expérience acquise qui doit nous rassurer, messieurs, au sujet des innovations qui se sont produites dans ces derniers temps. Elles nous auront grandement alarmés, elles nous auront fourni matière à réfléchir ; mais de tous les systèmes dont nous avons été inondés, il ne survivra rien, absolument rien, après quelque délai, que ce qui pourrait en être digne.

Le changement le plus radical qu'on ait apporté à l'organisation sociale, en même temps qu'à l'organisation politique, a consisté a proclamer les principes de liberté et d'égalité. Ces principes n'étaient pas neufs sur la terre, et en m'exprimant ainsi, ce n'est pas un reproche que je leur adresse, c'est leur éloge que je fais. Il me semble que les idées qui aspirent à se faire reconnaître à titre de principes sociaux ont à fournir leurs preuves d'ancienneté. C'est à elles qu'on est fondé à demander le nombre de leurs quartiers. Si elles n'en avaient pas à montrer, il serait à croire qu'elles ne sont pas en harmonie avec la nature humaine, car toute idée sociale de quelque portée, qui est réellement conforme à notre nature, a dû se manifester plus ou moins presque dès l'origine des temps.

Fort heureusement donc pour leur avenir, les principes de liberté et d'égalité n'étaient pas des nouveaux venus quand ils furent inaugurés par les penseurs du dix-huitième siècle d'abord, par le législateur ensuite. À leur égard, la religion et la philosophie avaient pris les devants, et de longue main.

La liberté est de l'essence de toute religion et de toute philosophie dignes de ce nom, puisque toute religion et toute saine philosophie enseignent à l'homme qu'il est responsable. L'homme n'est responsable que parce qu'il a son libre arbitre. Les difficultés matérielles de la société à son début, l'imbécillité intellectuelle et morale d'une grande partie du genre humain à l'origine, avaient rendu nécessaire, pendant une suite de siècles, que la liberté demeurât voilée pour un grand nombre d'hommes, et même que la jouissance en fût réservée à une petite minorité ; mais, à mesure que la société, être collectif et perfectible, a marché dans la voie de ses destinées progressives, de nouvelles personnes, de nouvelles classes ont pu être et ont été initiées à la liberté sociale, qui comprend la liberté politique et la liberté civile, dans la mesure où elles pouvaient en porter la responsabilité. Le Christ déchira le voile, afin que la liberté apparût, au moins dans une perspective lointaine, au monde tout entier. Ainsi, messieurs, il y a dix-huit cents ans que la liberté fut promise à tous les hommes, a condition qu'ils s'en montrassent dignes, c'est-à-dire qu'ils fussent en état d'en pratiquer régulièrement les devoirs.

Pareillement, il y a une grande charte du genre humain qui garantit à tous les hommes l'égalité civile ; elle remonte bien haut, bien au delà de la *magna Charta* de nos voisins d'outre-Manche. Quand le divin législateur eut enseigné que tous les hommes étaient frères, enfants d'un même Dieu, il fut inévitable qu'un jour les codes politiques des États admissent l'égalité de tous devant la loi ; car la religion a pour l'un de ses caractères qu'en même temps qu'elle rend compte aux hommes de ce qui existe parmi eux, et les résigne à le supporter, elle les porte peu à peu à la hauteur des institutions plus parfaites qui doivent fleurir un jour, en habituant les âmes à se tenir à ce niveau. Je crois profondément au principe de l'égalité civile, parce que j'en trouve le germe, non-seulement dans l'Évangile, mais aussi dans la Genèse, qui, du point de vue mondain, est le plus ancien des monuments authentiques de l'histoire. Le germe devint un grand arbre, une fois que le christianisme fut établi, puisque, de ce moment, il y eut parmi les hommes une nombreuse et puissante hiérarchie, fondée sur l'égalité véritable de tous les hommes, quelle que fût leur naissance.

Avant l'organisation de l'Église chrétienne, le principe de l'égalité avait reçu en dehors du peuple hébreu, dans la civilisation de l'Orient le plus reculé, des applications moins éclatantes, mais formelles, qui prouvent avec quelle force il ressort de la conscience du genre humain. Sous le régime même des castes, on peut dire que l'égalité, dans le sein de chaque caste, était une préparation à l'égalité générale qui devait exister, après que les murailles à pic, qui séparaient les castes, auraient été renversées.

Les esprits supérieurs qui constituèrent l'économie politique à l'état de science positive adoptèrent pleinement les idées de liberté et d'égalité ; ils les prirent pour point de départ, de même que les philosophes, qui embrassaient dans leur entreprise la révision de toutes les institutions de la société. La *liberté du travail*, loi essentielle de l'économie politique, n'est qu'une figure du principe général de la liberté. Pareillement, lorsque l'économie politique réprouve tout ce qui, de près ou de loin, ressemble à un monopole industriel, tout ce qui tend à obliger une partie de la société à rétribuer les services d'une autre partie plus qu'ils ne valent, ou à rendre des services sans retour, ou, plus généralement, lorsqu'elle indique les bases naturelles de l'équilibre des intérêts divers, elle procède du principe, désormais reconnu et consacré, de l'égalité devant la loi.

Avant d'aller plus loin, arrêtons-nous encore un instant sur ce dernier principe, afin de le saisir dans toute son étendue et d'en voir toute la portée. À la dénomination de l'égalité, je substituerai celle-ci : la justice. L'égalité devant la loi est le simple énoncé du principe de justice, tel qu'il est conçu de la civilisation moderne. C'est sur la justice que l'économie politique cherche à asseoir, autant qu'il lui appartient, les rapports d'homme à homme, de classe à classe, de nation à nation.

Ainsi, la liberté et la justice sont les deux grands principes, les fondements de l'économie politique. Liberté et justice, c'est toujours à ces pierres de touche que l'économie politique revient quand elle veut apprécier les institutions et les faits. Elle les emploie tantôt isolément, tantôt en les combinant l'une et l'autre. Ainsi, pour rappeler une discussion récente qui a eu un grand retentissement, lorsqu'on a réclamé la liberté du commerce international, ce n'est pas seulement parce qu'en soi la liberté est un grand bien, le plus noble attribut d'un être intelligent. La liberté du commerce se motive aussi par la justice. Il n'est pas juste, ont dit les partisans de cette liberté, que personne ait sur ses concitoyens un privilège pour la vente de ses produits. La loi politique nous garantit l'égalité devant la loi, quelle que soit la naissance ; la loi économique ne peut nous refuser plus longtemps l'égalité, quelle que soit la profession à laquelle les hommes se livrent, quelle que soit la production dont les fruits leur sont dévolus. C'est à ce raisonnement que l'Angleterre s'est rendue, après de longs et solennels débats, et que tour à tour se rendront vraisemblablement bientôt tous les États civilisés. Liberté

Michel Chevalier

et justice ! Principes sacrés dont la société s'est appliqué successivement des formules de plus en plus larges, en raison du progrès successif des idées et des mœurs ; principes féconds d'où l'on a fait sortir une politique de plus en plus en rapport avec les vérités que Dieu, dans sa bonté infinie, avait révélées aux législateurs de son choix, et inspirées aux princes de la philosophie ; liberté et justice ! voilà l'épée et le bouclier de économie politique.

Mais quelle est la science qui est fondée à revendiquer ces deux principes comme siens ? Vous m'avez tous répondu : c'est la branche de la philosophie qui a pour nom la morale.

Ainsi, premièrement, l'économie politique est une science certaine, à la façon de la science du droit, de la morale et de la philosophie tout entière, parce qu'elle a, comme le droit, la morale et la philosophie, un groupe d'idées générales, solidement établies par la démonstration ou acceptées par la conscience du genre humain ; ce qu'on nomme, en un mot, des principes. Secondement, ses principes à elle, de même que ceux du droit et ceux de la politique, ne sont autres que les principes de la morale envisagés, non plus dans toute leur généralité, mais seulement sous un aspect particulier, qui correspond à un objet déterminé. Pour l'économie politique, cet objet est la formation et la répartition de la richesse.

Je pourrais même faire remarquer en passant, ce qui sera plus net pour vous quand vous aurez suivi un cours entier d'économie politique, que de ces deux grands principes, la liberté et la justice, le premier répond plus particulièrement à la formation, le second à la répartition de la richesse.

Il n'y a aucune des règles de l'économie politique qui n'ait besoin de s'adresser à la morale pour obtenir une sanction, disons mieux, qui ne soit la transfiguration de quelqu'une des notions de la morale publique ou privée. C'est ce que vous verrez en détail cette année, si vous me faites l'honneur de suivre mes leçons.

Quand on examine comment se forme la richesse, quand on dénombre les mobiles qui y contribuent, il est impossible de ne pas mettre au premier rang l'intérêt personnel. C'est là ce qui donne aux efforts de l'homme industrieux leur maximum de puissance. L'homme travaille pour lui, pour les êtres qu'il aime par-dessus tout au monde, pour sa femme et ses enfants. Voilà pourquoi il travaille activement, voilà a comment il devient, dans certains cas, infatigable. L'économie politique, dans ses raisonnements, tient donc un très-grand compte du sentiment de l'intérêt personnel. C'est un ressort dont elle signale sans cesse la puissance. La règle, qu'elle enseigne, de la libre concurrence, est la déduction logique de l'intérêt personnel.

Cette importance que l'économie politique accorde à l'intérêt personnel lui a été imputée à crime à elle-même. Vous sanctifiez l'égoïsme, lui a-t-on dit, donc vous êtes une science immorale. Le reproche a eu beaucoup d'échos. Aux yeux d'une bonne partie du public, il reste sur l'économie politique comme une indélébile flétrissure. Essayons de le qualifier.

L'économie politique est loin de prétendre que l'intérêt personnel ne puisse être égoïste, elle ne dissimule pas qu'il est tenté de l'être très-souvent. Mais elle soutient que l'intérêt personnel est un mobile d'une très-grande puissance, et que, chez tout peuple qui sera mûr pour la liberté, il faut absolument que ce mobile soit reconnu et qu'on le laisse agir très-largement ; qu'autrement la liberté serait un vain mot : ce qui ne signifie pas cependant que l'intérêt personnel doive être laissé sans règle et sans contrepoids. Quand je dis que l'économie politique soutient cela, messieurs, je m'exprime fort mal. J'usurpe pour elle une attribution qui ne lui appartient aucunement en propre. L'économiste, quand il pose en principe la fécondité de l'intérêt personnel, n'est que l'écho du moraliste.

Il n'y a pas un traité de morale où il ne soit établi que l'intérêt personnel est un ressort de la plus grande énergie, sans lequel la plupart de nos actions n'auraient pas de cause et ne se produiraient pas. Par cela seul que l'homme existe, qu'il a un moi impérissable, dont la destinée lui est confiée, dont il est responsable par-devant Dieu, par-devant la société, par-devant sa propre conscience, il faut bien qu'il s'en occupe. Ce moi éprouve mille besoins divers : ceux-ci de l'ordre moral, ceux-là de l'ordre intellectuel, d'autres de l'ordre physique, tous besoins qui renaissent sans cesse ; car l'activité du moi ne nous laisse pas de repos. Il faut que l'homme qui ressent ces besoins, et qui en a la mesure d'autant plus juste qu'il est plus digne de la liberté, consacre sa vie à les satisfaire. Par cette raison et par bien d'autres, le moraliste signale l'intérêt personnel comme un mobile obligé, comme un mobile parfaitement légitime, pourvu

Michel Chevalier

qu'il ne franchisse pas certaines limites que la morale est chargée de tracer. Ainsi, Messieurs, disons-le très-haut, quand ici, en cette chaire, sur les pas des maîtres de l'économie politique, nous ferons intervenir l'intérêt personnel dans nos raisonnements et nos exposés sur la formation et la répartition de la richesse, lorsque nous défendrons le principe de la concurrence, nous ne ferons que répéter les enseignements de la morale. Nous n'aurons, quant à la légitimité du principe de l'intérêt personnel et de la concurrence, rien à démontrer nous-même ; nous prendrons pour établie une vérité de l'ordre moral dont la philosophie et la religion, ces deux augustes sœurs, desquelles on parlait si éloquemment il y a peu de jours, assument toutes deux la démonstration comme une tâche qui leur est propre et dont elles ne sont pas embarrassées.

Il y a quelque temps, après la révolution de Février, cette question de l'intérêt personnel fut posée de nouveau ; elle le fut, comme tout ce qui s'agitait alors, avec le mélange de passions et l'accompagnement d'exagérations, qui sont les caractères des temps révolutionnaires. Un système contraire s'était produit avec éclat, il semblait promulgué du sommet du Sinaï du gouvernement provisoire. L'intérêt personnel est aboli, il ne doit plus rester que le sentiment du devoir, s'écriait l'audacieux novateur qui avait déclaré la guerre à la concurrence, et qui voulait *organiser le travail* sans le secours de l'intérêt personnel. Que disaient alors les défenseurs de la société, aux applaudissements des gens de bien et des esprits justes ? que le système dit de l'*Organisation* du travail et des ateliers sociaux serait une affreuse tyrannie, la négation de la liberté et de la dignité humaines ; que toutes les âmes, comme tous les intérêts, y seraient traités de manière à ne plus former qu'un panthéisme confus et un pêle-mêle ignoble.

Et, notez-le bien, cette réfutation du système dit de l'organisation du travail était, à proprement parler, de la morale plutôt que de l'économie politique. Ce que celle-ci faisait remarquer, et qui était de sa plus directe compétence, c'est qu'avec ce beau système destiné, dans la pensée de son auteur, à faire le bonheur du genre humain, la production serait arrêtée, et qu'au lieu de la prospérité, on se trouverait en tête-à-tête avec une épouvantable misère. Le procès est jugé aujourd'hui, la raison publique a prononcé, et si je parle du système, c'est à regret, car il ne me convient pas de chercher querelle à des vaincus. Mais le court rappel que j'en fais m'a paru nécessaire pour vous montrer où l'on va quand on condamne systématiquement l'intérêt personnel. Dès qu'on laisse à l'écart absolument l'intérêt personnel et la concurrence, qui en est la traduction immédiate, on est jeté, sans pouvoir s'arrêter, sur une pente rapide, au bas de laquelle s'ouvre, comme un abîme sans fond, le système de l'organisation du travail, tel qu'on l'enseignait au Luxembourg, en mars et avril 1848.

Je ne puis quitter ce sujet de l'intérêt personnel et de la concurrence, sans vous montrer, sous un nouvel aspect, à cette occasion, combien l'accord est intime entre l'économie politique et la morale. La morale nous représente l'homme comme soumis à une triple responsabilité et astreint à de triples devoirs. Il a des devoirs envers lui-même ; mais il a aussi des devoirs envers la société, dont il est un des membres, et qui l'étreint, par la circonscription locale, commune ou département, dans laquelle il est engagé, et par l'État. Il a des devoirs envers Dieu, qui est la bonté infinie, la justice infinie, la puissance infinie dans le temps et dans l'espace, et qui, par rapport à l'homme, représente tout ce qui est, tout ce qui a été, tout ce qui sera.

Il n'est pas permis d'isoler l'un de ces trois groupes de devoirs des eux autres, sous peine de tomber dans l'absurde, dans l'impossible, dans l'odieux. Voilà ce que dit la morale, et, comme conclusion pratique, elle ajoute : c'est pour cela qu'il existe pour l'individu trois mobiles distincts, sous la triple impulsion desquels il doit toujours se tenir, l'intérêt personnel, l'intérêt de l'État ou de la société, les décrets de la justice et de la bonté éternelles. C'est pour cela qu'aux instincts de la personnalité se joignent l'action des lois et des mœurs publiques, et l'influence de la religion. C'est pour cela enfin que nous devons sans cesse nous considérer comme des justiciables, sujets à comparaître devant trois juridictions : celle de notre conscience, celle des lois et de l'opinion, celle dont le tribunal est au ciel.

À mesure que s'accomplit le progrès véritable du genre humain, l'individu devient de plus en plus digne de la liberté. Le cri spontané de sa conscience l'avertit d'une manière de moins en moins imparfaite de ce qu'attend de lui l'intérêt de l'État, et de ce qui est conforme à la loi de Dieu. Mais il serait chimérique de

Michel Chevalier

conclure de là que l'homme puisse jamais se passer de l'autorité politique et de la foi religieuse. Le moraliste qui tente d'édifier une société sur le seul sentiment de l'intérêt individuel, nourrit un fol espoir. De même le publiciste qui imaginerait qu'il est possible de donner de l'ordre et de la prospérité à un État par le seul moyen d'une liberté illimitée, sans la garantie d'une autorité forte et vigilante, pousserait sa patrie vers un gouffre. Pareillement, l'économiste qui supposerait que l'intérêt personnel ou la libre concurrence suffit à constituer une doctrine complète, tournerait dans un cercle d'erreur. L'économie nationale serait mauvaise si le gouvernement était dépouillé de toute initiative, de tout moyen de surveillance et d'action. La répartition des produits se ferait d'une manière inique, la production même de la richesse s'arrêterait, et une hideuse misère établirait son empire dans toute société où les droits du faible et les devoirs respectifs des hommes les uns envers les autres n'auraient pas pour sauvegarde la croyance en un Dieu juste qui punit et récompense dans une autre vie.

Très-souvent, pour la commodité du raisonnement, dans l'économie politique, comme dans toute autre science, il est utile de s'abandonner un moment à l'abstraction. C'est commandé par la nature bornée de notre esprit, qui, ne pouvant embrasser tout à la fois, ni voir un sujet sous toutes les faces d'un même coup d'œil, est obligé, pour saisir ce qu'il étudie, de le décomposer et d'isoler successivement les différentes parties d'un même tout. Ainsi, il est souvent convenable, dans les recherches scientifiques, de considérer l'homme en dehors de toute direction, de toute assistance, de toute répression de l'autorité politique, et de le dégager de ces rapports généraux par lesquels la religion et la philosophie le montrent lié à l'univers, aux générations futures et aux générations passées, comme aux générations présentes. C'est par une nécessité semblable que, dans les sciences naturelles, qui traitent des corps inorganiques, on isole, pour les étudier, les qualités physiques et les propriétés chimiques. C'est ainsi que la médecine envisage isolément, une à une, les différentes parties du corps humain, le système nerveux, le système musculaire, la circulation sang, la charpente osseuse, que sais-je encore ; mais, de même qu'un système d'histoire naturelle, qui ne tiendrait compte que des caractères chimiques des corps, serait fort imparfait, de même qu'une thérapeutique qui, comme celle des Chinois, dit-on, voudrait juger de tous les états pathologiques du corps humain par le battement du pouls, serait plus qu'incomplète, serait radicalement fausse, de même on se jetterait dans une entreprise bien dangereuse, si l'on tentait de donner à la société un plan d'économie entaché d'omissions, qui ne sont à leur place que transitoirement dans le cours successif des investigations abstraites de la science économique.

La société, quand elle arrange son économie, doit prendre l'homme tel qu'il est, avec tous ceux de ses attributs qui sont en rapport avec la formation et la répartition de la richesse, et non pas un fragment de l'homme. Autrement, elle ne serait plus elle-même qu'un fragment de société, quelque chose comme un individu à qui viendrait à manquer le sens de l'ouïe ou celui de la vue. Elle se condamnerait à végéter dans un rang inférieur parmi les nations. Cherchez impartialement, parmi les sociétés européennes, celles qui ont la plus forte vitalité, vous trouverez que ce sont celles qui ont le mieux pondéré, dans leur organisation économique comme dans leur organisation politique, les devoirs multiples et divers de l'homme et les droits qui sont la réciproque des devoirs. Voilà la cause, le reste est l'effet.

Je ne disconviens pas que, parmi les économistes, il y en a eu et il en est encore de fort distingués, d'après lesquels l'intérêt personnel ou la liberté individuelle appliquée à la production de la richesse suffirait à l'établissement du bon ordre économique. Mais les personnes qui partagent cette opinion et lui prêtent l'appui de leur conviction et de leur talent se laissent abuser par un mirage qui est un des effets de l'harmonie universelle. Sans doute, en vertu de cette harmonie admirable, il est possible de déduire de la notion de l'intérêt personnel bien entendu une très-grande partie des devoirs politiques et moraux de l'homme, car, à la rigueur, tout est dans tout. Mais, quelque habile qu'on soit, il est impossible qu'on ne fasse pas alors quelques raisonnements qui soient boiteux. Alors, en effet, on imite gratuitement, sans avoir comme eux le motif de la pénitence, ces pèlerins qui s'infligeaient la peine de parcourir un grand espace sur une seule jambe ou à genoux. On aurait tort de raisonner de la sorte, quand même les conclusions auxquelles on parviendrait ainsi seraient toutes vraies, ce que je crois impossible. À la rigueur aussi, l'homme auquel manque un sens parvient à y

Michel Chevalier

suppléer, jusqu'à un certain point, avec l'aide des autres sens. Je me souviens que, visitant une fois l'école des jeunes aveugles de Paris, j'y rencontrai des enfants qui expliquaient la mappemonde, indiquaient l'emplacement des villes, décrivaient le cours des fleuves, la forme des continents et des montagnes : je remarquai même une petite fille, complètement aveugle, qui faisait correctement de la tapisserie de diverses couleurs. Malgré ces expédients ingénieux, ces malheureux enfants n'en restaient pas moins des infirmes bien à plaindre. De même, pour être naturel, pour être simple, pour avoir toute la force de la vérité, en économie politique comme dans toutes les sciences morales et politiques, il faut opérer sur la triple base des triples devoirs et de la triple responsabilité de l'homme. Et surtout, il faut sans cesse franchement placer en regard l'un de l'autre l'intérêt personnel de l'individu et l'intérêt collectif de la communauté, ce qui naturellement met l'individu en présence de l'État ou du gouvernement.

L'homme est éminemment sociable. C'est un de ses attributs distinctifs, un des signes principaux de sa souveraineté sur le monde, un des secrets de sa puissance productive. Toutes les merveilles qu'on attribue à la division du travail doivent être considérées comme des conséquences de la sociabilité, car le travail ne peut se diviser que parce que les hommes ont le don de concerter et d'associer leurs efforts individuels. Et ce n'est pas, à beaucoup près, la seule forme sous laquelle la sociabilité ou l'esprit d'association aide à la production de la richesse. De ce point de vue encore l'économie politique aurait donc tort si, constamment, elle donnait pour unique base à ses raisonnements et ses déductions l'intérêt personnel. Elle est tenue d'envisager aussi l'intérêt collectif, dont une des nombreuses formes est l'intérêt de la nation représentée par son gouvernement.

C'est au nom de la liberté, dit-on, qu'on pose le principe unique de l'intérêt personnel bien entendu. Oui, sans doute, l'intérêt personnel bien entendu est la légitime traduction de la liberté, du point de vue de l'individu ; mais du la nation ou la société, ce grand corps dont l'individu est membre, a droit à sa liberté aussi. La liberté collective de la société, c'est, comme on l'a dit par une définition éloquente, l'ordre, l'ordre dont le gouvernement est le dépositaire et le gardien. Cette liberté collective, non moins sacrée

Accord de l'économie politique et de la morale

que la liberté individuelle, peut avoir et a en effet de légitimes réclamations à présenter, et c'est l'autorité qui en est l'organe naturel.

Un des plus graves défauts des doctrines qui se sont répandues depuis quelques années, et qui ont été considérées comme compromettant l'existence même de la société, réside dans la prépondérance systématique qu'elles donnent à l'action de l'État. Suivant elles, l'État devrait s'approprier tout, et disposer de tout. Au point de vue scientifique, ces doctrines sont fausses ; elles partent d'une fausse notion de la nature humaine, car elles méconnaissent la puissance du ressort individuel. Elles conduiraient, je vous le disais il y a un instant, à impitoyable tyrannie dont le joug serait avilissant. Je le crois, je l'enseigne. Mais, aussi bien, j'estime qu'une doctrine qui s'appuierait exclusivement sur l'intérêt personnel, qui récuserait toute intervention de l'autorité, et réduirait le gouvernement au rôle de gendarme, serait également fautive, également impraticable.

L'économie politique ne s'est jamais bien précisément ralliée à la doctrine suivant laquelle l'intérêt individuel devrait être l'unique guide de l'homme. Si quelquefois elle a paru portée à se ranger sous ce drapeau, dans la personne de quelques-uns de ses plus dignes adeptes, et même de quelques-uns de ses maîtres, ce ne fut qu'un écart passager. Il est de la nature humaine qu'on ne soit pas toujours égal à soi-même, et je ne parlerais pas de ces méprises accidentelles d'écrivains que j'aime, et de maîtres que je vénère, si je n'y trouvais une nouvelle preuve de l'accord, que je m'applique à vous démontrer en ce jour, entre la morale et l'économie politique.

Car s'il est vrai que la doctrine de l'économie politique ait semblé un moment s'absorber dans la notion de l'intérêt personnel, c'était en vertu d'un mouvement qui entraînait toutes les sciences morales et politiques à exalter l'isolement comme la manière d'être la plus naturelle à l'homme, comme la plus avantageuse des conditions. On avait complètement perdu de vue la sociabilité en vertu de laquelle l'homme, pour être heureux et pour être libre, pour obéir à la destination que lui a assignée le Créateur, a besoin de faire partie d'une société nombreuse et variée, dont le contact l'anime, dont les liens l'aident et le soutiennent. L'homme isolé, c'est-à-dire en dehors de tout mécanisme social, paraissait aux philosophes et aux moralistes le modèle à atteindre. On s'était jeté aux antipodes

Michel Chevalier

du mot de la Bible : *Væ soli !* ...

Ces idées s'accréditèrent dans le dix-huitième siècle. Les hommes alors étaient avides de liberté. Leur passion pour la liberté était d'autant plus vive qu'ils en étaient alors plus privés. Sur le continent européen, il ne restait plus de traces de la liberté politique. Les abus du pouvoir absolu étaient devenus intolérables. Aux yeux d'hommes amoureux de réformes, les gouvernements qui maintenaient ces abus semblaient des espèces d'ennemis publics, et la société que ces abus infestaient, un affreux repaire. Les réformateurs les plus ardents se mirent de bonne foi à admirer et à envier l'homme qui vivait seul ou presque seul, loin de toute autorité, en dehors de toute organisation régulière, et les plus grands esprits eux-mêmes payèrent un tribut à cette manie en vantant, dans d'immortels écrits, la liberté dont jouissaient, à ce qu'ils disaient, des peuplades sauvages ou barbes. Jean-Jacques Rousseau est en contemplation devant la liberté et le bonheur du sauvage qui vit au milieu des bois. Raynal, partageant cette vive admiration, l'a exprimée dans son *Histoire philosophique et politique des deux Indes.* Cette opinion, qui considère le sauvage comme le type de la liberté, comme une sorte de perfection de la nature humaine, a compté parmi ses prosélytes la plupart des hommes de l'école philosophique du dix-huitième siècle et ses continuateurs plus voisins de nous. Montesquieu lui-même ne peut s'empêcher de signaler la *grande liberté* dont il croit que jouissent les peuples nomades, tels que les Tartares.

L'illusion que nourrissaient les philosophes français, et en général ceux du continent européen, au sujet des prétendus avantages de l'isolement, provenait, en partie, de ce que les corps ou associations qui existaient alors étaient tous fondés sur le monopole ou le privilège et étaient ainsi à charge à la société. Les corporations d'arts et métiers en sont le plus remarquable exemple, celui qui devait frappé davantage les hommes dont l'esprit était tourné vers l'économie politique. En vertu de ce penchant qui porte les hommes vers un extrême par la répulsion de l'extrême opposé, de ce que la plupart des applications du principe d'association se trouvaient ainsi perverties, on conclut que l'association elle-même était en soi un mal. C'était une bien mauvaise logique, mais une fois qu'ils sont passionnés, les hommes ne raisonnent pas différem-

Accord de l'économie politique et de la morale

ment. Une Assemblée, au patriotisme et aux lumières de laquelle l'histoire rendra un insigne hommage, l'Assemblée constituante de 1789, en haine des anciennes corporations, mit le principe d'association à l'index. Il n'y eut plus de permis, en fait d'associations, que les sociétés politiques qui travaillaient au renversement de l'État, les clubs. J'ai déjà cité, dans cette chaire, un décret de cette illustre Assemblée, décret dont l'esprit se retrouve dans vingt autres, où l'on nie positivement que les hommes qui se livrent a la même profession puissent avoir des intérêts communs et où, en conséquence, on leur interdit absolument la faculté de s'associer.

Ces erreurs, qui n'allaient à rien moins, les unes, qu'à nier la sociabilité humaine, les autres, qu'à représenter tout gouvernement comme un fléau de Dieu, et qui formaient ensemble un corps de doctrines, ont été en honneur jusqu'à une époque rapprochée de nous. Ce fut en 1825 que M. Ch. Dunoyer publia un livre où il les réfuta victorieusement.[1] Maintenant, faudrait-il s'étonner si, lorsque tant de moraliste, de philosophes et de publicistes se livraient à de pareils théories dominantes, elle avait exalté l'isolement sous la forme qui lui est propre, l'intérêt personnel, et qu'elle eût contesté au gouvernement quelques-unes des attributions dont il importe qu'il soit investi pour le bon ordre économique de la société ?

Mais avec le temps la civilisation s'instruit, à ses dépens, il est vrai. Les idées des philosophes, des publicistes et des moralistes se sont rectifiées. La sociabilité humaine est remise à sa place. La société et les gouvernements en qui elle se personnifie, recouvrent leurs droits. La science économique s'appuie sur une connaissance de plus en plus exacte de la nature humaine. Si, par exemple, vous lisiez l'excellent traité d'économie politique qu'a tout récemment publié, en Angleterre, M. J. S. Mill, vous ne pourriez-vous empêcher de remarquer à quel point les idées sur l'homme et sur la société, qui percent à travers les pages de ce livre, et qui l'ont inspiré, sont saines, sont conformes à ce qu'enseignent de nos jours les moralistes et les philosophes les plus éminents, ceux qui, heureusement pour le repos de la société, font le plus école. Vous y verriez, Messieurs, le principe d'association élevé sur le pavois, et

---

1 *L'industrie et la morale dans leurs rapports avec la liberté*, ouvrage qui a été refondu dans une publication plus vaste, *La liberté du travail*.

Michel Chevalier

les gouvernements restaurés dans l'exercice des pouvoirs qui leur appartiennent. Et sauf quelques détails et quelques point particuliers, la grande majorité des économistes de l'Europe serait fière d'accepter cet ouvrage comme l'exposé de ce qu'ils pensent.

Je m'étais proposé de vous donner, dans cette première séance, un aperçu de cette vérité, que je démontrerai en détail dans le cours de cette année, que l'économie politique est une émanation de la morale, que les principes et les notions qu'elle établit sont le reflet des principes et des notions qui appartiennent à cette branche de la philosophie. La morale et la philosophie étant d'un ordre supérieur et d'une plus grande généralité, non-seulement les lois de la morale ont plus d'ampleur que celles de l'économie politique, par cette simple raison que le tout est plus grand que la partie, mais il y a aussi certaines lois morales qui se révèlent bien moins que d'autres dans l'économie politique. C'est que l'économie politique n'est point un abrégé de la morale. Ce n'est pas la morale tout entière vue en raccourci, à la façon de ce qui se passe dans la chambre obscure, où le paysage qui est devant nous s'aperçoit avec une réduction proportionnelle de toutes les parties. L'économie politique a un cadre à elle où elle montre des principes empruntés au domaine de la morale ; mais les uns sont grossis, comme s'ils étaient examinés au travers d'un microscope, d'autres sont moins développés, et quelques-uns se distinguent à peine ; non que, pris en eux-mêmes, ils soient de peu d'importance, mais il n'appartient pas à l'économie politique de les embrasser plus étroitement : elle s'abuserait sur les attributions qui lui sont propres, si elle leur donnait plus de place sur son terrain.

J'en fais l'observation à cause d'un des principes les plus beaux de la morale, celui de la fraternité, qu'on a récemment encadré dans la devise nationale.

Le sentiment qu'on nomme aujourd'hui la fraternité, qui, depuis des siècles, était plutôt connu dans la langue de la religion et de la philosophie sous le nom de la charité, est, je tiens à le dire, un de ceux sur lesquels il faut compter le plus pour sauver la société des périls qu'elle court dans la conjoncture présente. La haine et l'envie sont les deux plaies les plus cruelles du corps social ; l'esprit de charité est appelé à y verser un baume admirable. Mais cette vertu réparatrice n'a pas été regardée jusqu'ici comme du ressort de l'économie politique.

L'économie politique, par le cercle où elle s'est circonscrite, a pour mission particulière d'apprécier les actes par lesquels les hommes coopèrent à la production de la richesse, et les conventions en vertu desquelles ils se partagent les produits. Elle ne néglige pas de montrer aux hommes qu'ils sont solidaires les uns des autres, et remarquez que c'est encore là de la morale ; mais elle s'occupe spécialement de cette solidarité qui peut s'inscrire sur un contrat, ou se formuler dans une loi, de celle qui, en un mot, dérive de la justice réciproque.

La fraternité est une autre espèce de solidarité, une solidarité d'un ordre plus élevé, je l'admets dès l'abord, car elle prend ses inspirations plus haut encore. Elle s'appuie sur les sentiments les plus doux et les plus nobles de notre nature, ceux en vertu desquels l'homme aime et se dévoue. La stricte justice n'est ni généreuse, ni tendre ; elle est impartiale et honorable, mais froide comme l'impartialité. Elle ne connaît pas le sacrifice, car le sacrifice est au-delà de ce qui est juste. Voici ce qui ressort au contraire de l'essence même de la fraternité : du point de vue scientifique, elle a l'inconvénient d'être vague et de manquer de limites fixes. Je pratique la fraternité, si je dépense le quart de mon revenu en bonnes œuvres ; je la pratique encore, si je dépense le dixième, et tel autre la pratique plus que moi, qui n'y consacre cependant que le vingtième. La pauvre veuve qui met son obole dans le casque de Bélisaire, est plus charitable que le riche qui fait distribuer fastueusement d'abondantes aumônes à sa porte.

La fraternité a encore ce caractère, qui la mettait jusqu'à présent presque en dehors de l'économie politique, qu'elle ne peut se formuler dans des lois. On peut libeller dans des lois les indications accoutumées de l'économie politique, et on le fait très-souvent, parce qu'il appartient à la loi de régler tout ce qui est du domaine de la stricte justice. La fraternité, au contraire, est essentiellement spontanée ; contrainte, législative ou non, la dénature ou la tue. La loi peut forcer l'homme à être juste ; elle ne peut lui dire de se précipiter dans le gouffre de Curtius.

Lors donc qu'on voulut, le lendemain de la Révolution de 1848, instituer la fraternité de par la loi, on voulut l'impraticable. Il serait

Michel Chevalier

facile de démontrer, je le crois, que si les plans proposés alors par des personnes momentanément investies d'une grande autorité, étaient devenus des lois de l'État, les classes pauvres, qu'on espérait soulager, en fussent devenues bien plus malheureuses ; et en supposant qu'on eût réussi à adoucir les souffrances du grand nombre, ce qu'on eût organisé eût été de la spoliation et non de la fraternité.

Je vous ai déjà signalé un des vices qui, aux yeux de l'économie politique, affectent la plupart des doctrines qu'embrasse la dénomination de socialisme. Il en est un autre que vous devinez déjà d'après ce que je viens de dire : il consiste en ce qu'elles rendraient impératifs les actes qu'il ne faut attendre que de la libre impulsion de la charité chrétienne. Les auteurs de ces doctrines ont entièrement confondu la justice et la fraternité, et par cela même ils ont fait une économie politique que la raison repousse. Les meilleures choses ne supportent pas d'être confondues. C'est le moyen de les gâter toutes. Les conclusions des écrits socialistes auraient été à leur place dans la bouche d'un prédicateur dans la chaire chrétienne, sous deux conditions : 1° qu'il aurait eu garde d'invoquer, comme on le faisait, l'assistance du bras séculier ; 2° qu'en parlant des riches aux classes pauvres, il se fût inspiré de l'esprit de fraternité dont on se prétendait l'interprète. Mais du moment qu'on voulait rendre les riches justiciables, non pas de leur conscience et de Dieu, qui réside dans les cieux, mais bien de l'État agissant despotiquement ; du moment qu'on avait la bouche pleine de violence et de haine, tout ce que l'on faisait ne tendait qu'à compromettre une sainte cause et qu'à prôner un principe à jamais digne de l'admiration et du respect du genre humain.

Les notions de morale, qui se classent sous le titre de la fraternité, pour s'introduire dans la pratique habituelle des sociétés et pour y avoir leur plein effet, ont besoin de se présenter sous les auspices de la religion. Si la philosophie y suffit, c'est à l'égard d'une toute petite minorité d'élite. Les actes qui découlent de la fraternité ne peuvent être ordonnés que comme la religion ou la philosophie ordonnent, c'est-à-dire en rendant chacun responsable seulement devant Dieu et sa conscience.

De nos jours, des hommes de bien, habitués à pratiquer la charité pour leur compte, et à l'exercer avec intelligence pour le compte d'autrui, ont essayé de coordonner, sous le nom d'*Économie charitable*, les indications que l'expérience fournit sur les meilleurs moyens de rendre la charité profitable aux classes et aux individus qui en sont l'objet. Quelques personnes ont pensé qu'il allait naître de là une science rivale de l'économie politique, destinée même, disaient-elles, à supplanter celle-ci quelles supposaient entachée de sécheresse et d'égoïsme. Messieurs, ce n'est qu'une erreur. L'économie politique ne craint pas la concurrence de l'économie charitable, par beaucoup de raisons, dont la première est que ce n'est pas une concurrence, mais un concours.

Lorsque nous aurons à parler des œuvres et des tentatives de l'économie charitable, ce sera pour applaudir sans réserve aux sentiments qui l'animent et pour lui souhaiter les ressources les plus abondantes. L'économie politique ne s'est occupée jusqu'ici des rapports qui existent entre les hommes dans la production et la répartition de la richesse, que pour savoir si la liberté y était respectée, et s'ils étaient conformes à la raison et a la justice. Si donc ordinairement elle semble froide, c'est que la raison et la justice ne connaissent ni l'enthousiasme ni la ferveur, ce qui ne les empêche pas d'être fécondes pour la grandeur et la prospérité des États et le bien-être des individus.

Mais il n'y a pas, dans la nature même des choses, d'obstacles qui s'opposent à ce que l'économie politique rattache à son domaine l'exposé méthodique et l'appréciation des institutions d'économie charitable, c'est-à-dire de celles qui procèdent de la fraternité. On peut y voir, en effet, des modes complémentaires de la répartition de la richesse. Il faudrait seulement avoir soin que ce fût bien distinct : la justice d'abord, la charité ou la fraternité ensuite. Il ne répugne aucunement à l'esprit de l'économie politique de montrer le chef d'industrie, une fois les parts faites conformément à la justice, d'après la lettre des contrats, s'occupant, librement, d'organiser, par exemple, seul ou avec le concours de ses voisins, une caisse d'épargnes, une caisse de secours, une caisse de retraite, ou d'ouvrir une école. De même, il appartient incontestablement à l'économie politique d'embrasser dans ses investigations les institutions de la bienfaisance publique, la taxe des pauvres, les bureaux de bienfaisance, les projets de colonisation en grand par l'assistance de l'État. D'un autre côté, l'économie politique, qui vante justement la division du travail, ne peut se refuser à admettre que quelques

Michel Chevalier

personnes lui en fassent l'application à elle-même, et qu'elles se donnent la mission spéciale de classer méthodiquement, sous la dénomination d'économie charitable, les institutions et les pratiques par où se manifeste le sentiment sublime de la charité. S'il en était ainsi, l'économie politique fournirait dans beaucoup de circonstances, de précieuses lumières à l'économie charitable sur les mesures à prendre pour élever la condition des pauvres et elle recevrait avec reconnaissance, en retour, les renseignements que l'économie charitable pourrait lui donner sur les moyen de restituer à l'activité sociale des forces aujourd'hui frappées de stérilité.

Je m'arrête maintenant. J'espère vous avoir fait saisir d'une manière générale l'objet du cours de cette année ; je me propose de vous montrer comment les rapports qu'a l'économie politique avec la morale, et comment elle y rentre, comment sa place serait tout naturellement marquée dans l'enseignement de cette partie de la philosophie qui traite des lois de la morale et de leur application à l'organisation des sociétés.

Telle était la conclusion à laquelle j'étais arrivé, après avoir réfléchi longuement, je puis le dire, lorsque j'ai été bien surpris d'apprendre que l'économie politique était venue au monde comme une branche de la morale. Oui, messieurs, l'immortel ouvrage d'Adam Smith sur la *Richesse des nations*, n'est rien de plus que le développement des leçons données par cet illustre maître quelques années auparavant, à l'Université de Glasgow, où il occupait la chaire de morale (*moral philosophy*). Son prédécesseur et son maître, Hutcheson, homme digne d'une renommée plus grande que celle qu'il a parmi nous, avait de même, conformément aux règlements tracés par la municipalité de Glasgow, consacré une partie de son cours aux sujets que traite l'économie politique. J'ai eu entre les mains son manuel, ou abrégé de ses leçons, qui se termine par un petit traité intitulé : *Œconomices et Politices Elementa*. Je vous renvoie à l'Histoire des doctrines philosophiques modernes, livre classique dû à M. Cousin, si vous voulez des détails circonstanciés et précieux sur l'économie politique considérée comme une branche de la morale, ainsi qu'elle était enseignée au sein de l'Université de Glasgow, avant la publication de de la *Richesse des nations*, et qu'elle l'a été postérieurement. Ce point de départ de la science économique a été trop perdu de vue, non-seulement par ses détracteurs, mais

Accord de l'économie politique et de la morale

aussi par ses disciples. De la part de ceux-ci, l'injustice est extrême ; mais ainsi procède l'homme. Dans les récits mystiques de l'antiquité, on voit l'initié, à un certain instant, pour administrer la preuve de sa force même, méconnaître, repousser et tuer l'initiateur.

Il n'est jamais trop tard pour revenir sur une injustice. L'écono-politique, de nos jours, est devenue assez forte pour ne plus craindre d'être traitée comme une science subalterne. Il est toujours mal de répudier ses parents, et ici la souche d'où est sortie l'économie politique est tellement noble qu'elle ne peut que gagner à reconnaître sa propre origine. Elle doit être jalouse de la faire constater avec éclat. Elle y trouvera une puissance nouvelle. Ce sera comme le géant de la fable, qui se sentait une soudaine vigueur toutes les fois qu'il avait embrassé la terre qui était sa mère.

ISBN : 978-1533632968

Michel Chevalier

www.ingramcontent.com/pod-product-compliance
Lightning Source LLC
Chambersburg PA
CBHW062032280526
45787CB00005B/2297